Henri FERRAND

LA

PHOTOGRAPHIE

A GRENOBLE

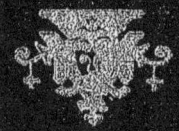

GRENOBLE
Imprimerie F. BROTEL, 4, rue Lafayette

1904

Henri FERRAND

LA

PHOTOGRAPHIE

A GRENOBLE

GRENOBLE
Imprimerie F. BROTEL, 4, rue Lafayette

1901

Henri FERRAND

LA

PHOTOGRAPHIE
A GRENOBLE

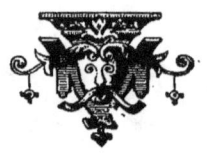

GRENOBLE

Imprimerie F. BROTEL, 4, rue Lafayette.

—

1904

Extrait du Bulletin
de la Société Dauphinoise d'Amateurs Photographes

————

Tiré à part
à 100 exemplaires.

————

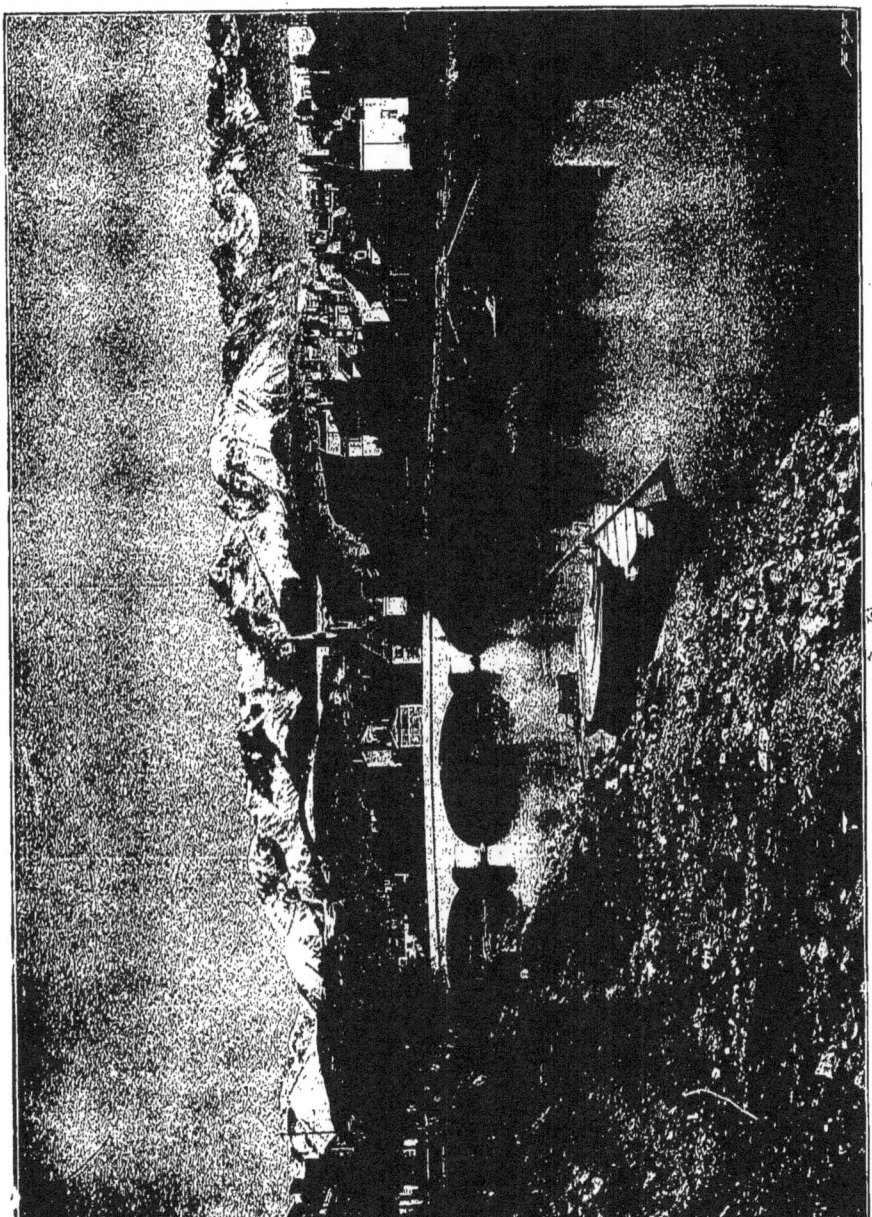

Phototype Duchemin

La Photographie
à Grenoble

Il n'est pas d'invention qui ait subi, je ne dirai pas des perfectionnements, mais des modifications aussi radicales que la photographie.

Dès sa naissance, la découverte de Niepce et de Daguerre était tombée aux mains des empiriques. Les manipulations compliquées du collodion humide rebutaient les savants, et pendant de longues années, le photographe fut une espèce de bohème hirsute, sentant l'éther et noirci par l'azotate d'argent. Malgré de timides tentatives des constructeurs, on considérait comme impossible de transporter en face de la nature le laboratoire nécessaire, et la photographie se confinait dans la confection des portraits. Pour pallier les inconvénients résultant de la lenteur des procédés employés, on les déguisait avec tout le charlatanisme possible. Dans les ateliers à la mode, il y avait, comme chez un dentiste, salon d'attente aux lourdes et abondantes draperies, mise en scène, inspection de la victime sous toutes ses faces, et ce n'était que lorsqu'elle était ainsi fascinée, abrutie, qu'on l'introduisait dans l'atelier, où un carcan de fer, sous prétexte d'appui-tête, la figeait dans une position raidie et désagréable. L'impatience, l'énervement amenait une contraction des traits, une expression maussade et renfrognée, et la nécessité de ne pas bouger pendant plusieurs minutes donnait à tous les portraits d'alors un air de famille des moins flatteurs.

A Grenoble, l'atelier Margain fut en grande faveur de 1850

à 1860. Il fut ensuite supplanté par le peintre Hubert Baudon qui abusait de l'immense supériorité que lui donnait l'habitude de la palette pour colorier ses portraits et livrer à la clientèle des œuvres multicolores. J'avais été opéré par Margain en 1856 ; je le fus par Baudon en 1863 et 1865.

Il y avait pourtant dès cette époque des esprits novateurs qui commençaient à entrevoir les destinées futures de la photographie, et qui s'efforçaient par d'ingénieux dispositifs ou par un soin exceptionnel de remédier aux défauts du matériel en usage. Vers 1850, un dauphinois, M. Félix Teynard, voyageant en Egypte, transportait dans sa dahabieh un véritable laboratoire, et sa famille conserve encore de très-beaux négatifs sur papier ciré donnant avant tout truquage, avant l'envahissement des snobs, les principaux aspects des monuments et de la terre des Pharaons. En 1862, j'ai vu au Bourg-d'Oisans un pharmacien, M. Michaud, qui avait réduit à l'état de laboratoire portatif les ingrédients alors nécessaires au collodionnage et à la sensibilisation sur place ; il en chargeait deux mulets, et avait d'autant plus de mérite à parcourir en cet équipage les sites même facilement accessibles de l'Oisans qu'il était pourvu d'une jambe de bois. Les rares touristes qui s'aventuraient alors sur la route du Lautaret se disputaient ses épreuves, et je conserve encore une vue du Lautaret qui remonte à cette date.

Reportons-nous par la pensée à cette époque peu reculée, et pourtant déjà si loin de nous, où l'ingénieur Chevalier, à Paris, était à peu près le seul fournisseur de chambres noires d'ébénisterie et d'objectifs mastodontes, où les facilités du commerce se bornaient à vous offrir des verres coupés à la dimension, de l'éther, de l'iode et du nitrate d'argent, où il fallait faire son collodion, sensibiliser ses glaces, sensibiliser son papier, où les causes d'insuccès étaient innombrables, et demandons-nous combien parmi nos plus enragés abatteurs de plaques auraient aujourd'hui le courage de travailler dans ces conditions.

Le progrès fut long à se réaliser, précisément à cause du discrédit dans lequel était tenue cette profession. Photographe était alors presque une injure, et comme les sottises sont longues à s'effacer de l'esprit humain, cette année, en 1904, dans une enquête judiciaire, j'ai encore constaté une défaveur s'attachant à la déposition d'un témoin qui avait eu l'imprudence d'accuser cette profession de photographe. Un manœuvre eût été mieux vu.

Pour que le savant, un peu aristocrate par essence et par culture, pour que l'amateur toujours paresseux s'intéressât à la photographie, il fallait qu'elle sortit de l'ornière du malodorant collodionnage et de la maculante sensibilisation. Si ce perfectionnement ne fut pas réalisé chez nous, ce furent deux Dauphinois qui contribuèrent le plus à le faire connaître et à le vulgariser. M. Gariod, alors Procureur de la République à Bourgoin, fut peut-être le premier en France à faire venir d'Angleterre des pellicules Kennett et à en employer l'émulsion. Il fut en tous cas le premier à en publier la description pratique, et en 1877, il fit paraître, sous le pseudonyme d'Odagir, anagramme de son nom, une petite plaquette intitulée *Le Procédé au gélatino-bromure*, qui attira l'attention de tous sur la nouvelle méthode. L'année suivante, un Briançonnais, établi à Lyon, Jacques Garcin, organisait la première fabrique française de plaques sèches au gélatino-bromure.

C'était le moment où les touristes commençaient à ouvrir les yeux sur les beautés de notre pays, et où l'on réclamait de toutes parts la photographie portative et pratique. Le premier Annuaire du Club-Alpin Français, publié en 1875, recommande sous la signature de M. Montefiore, des glaces préparées au collodion sec par Bisson et par Puech et Stebbing. Je me souviens d'avoir employé ces dernières qui exigeaient trois minutes de pose par la plus belle lumière ; deux années plus tard les glaces Dorval étaient plus rapides, mais les verdures étaient encore un terrible écueil,

> Le moindre vent qui d'aventure
> Fait rider la surface de l'eau.

les brouillait irrémissiblement. Les glaces au collodion sec n'avaient pas la rapidité que certains opérateurs étaient parvenus à donner à leur collodion humide.

Les premières plaques au gélatino-bromure mirent en déroute les notions acquises : il fallait compter par secondes au lieu de compter par minutes, et la première fois que je les employai, en 1879, je rapportai d'une excursion à la Moucherolle une série de clichés absolument perdus, brûlés par une exposition cinquante fois trop prolongée.

Mais quel heureux défaut ! et combien nous fûmes prompts à le conjurer !

Parlant de la photographie à Grenoble, je ne vais bien entendu plus m'occuper de la branche portraits, qui, entre les mains de professionnels expérimentés et habiles, fournit chez nous une carrière au moins aussi honorable qu'ailleurs.

Dans notre région si pittoresque, à la nature si variée, aux jeux de lumière incessamment divers, c'était la reproduction des paysages qui devait être le véritable but de la photographie.

Cette reproduction avait déjà été tentée par tous les moyens possibles. Une véritable pléiade d'artistes, peintres, dessinateurs, pastellistes, avait été continuellement charmée et attirée par nos montagnes, la gravure et la lithographie avaient été mises à contribution pour populariser les parties les plus connues du Dauphiné, et il me suffira de vous énumérer bien rapidement les gravures d'Israël Silvestre, dont plusieurs figurèrent au XVIIe siècle dans la Topographia Galliæ de Zeiller et Mérian, les dessins de Le May, de Ballin, etc., gravés par Née, Mlle Denis, etc., dans le Voyage Pittoresque de la France, de Laborde et Béguillet au XVIIIe siècle, les magistrales esquisses de Lord Monson, les recueils romantiques de Bourgeois, de Champin, etc., les splendides lithographies des Voyages dans l'Ancienne France par Taylor, et par dessus tout les délicieux crayons dont Victor Cassien a doté l'Album du Dauphiné, pour vous rappeler le culte dont furent depuis si longtemps l'objet les merveilleux spectacles de nos montagnes.

Du jour où la rapidité des émulsions et le perfectionnement des objectifs permit d'y appliquer pratiquement la photographie, celle-ci y trouva un puissant élément. Un praticien modeste et laborieux en fut le principal propagateur. Tous les

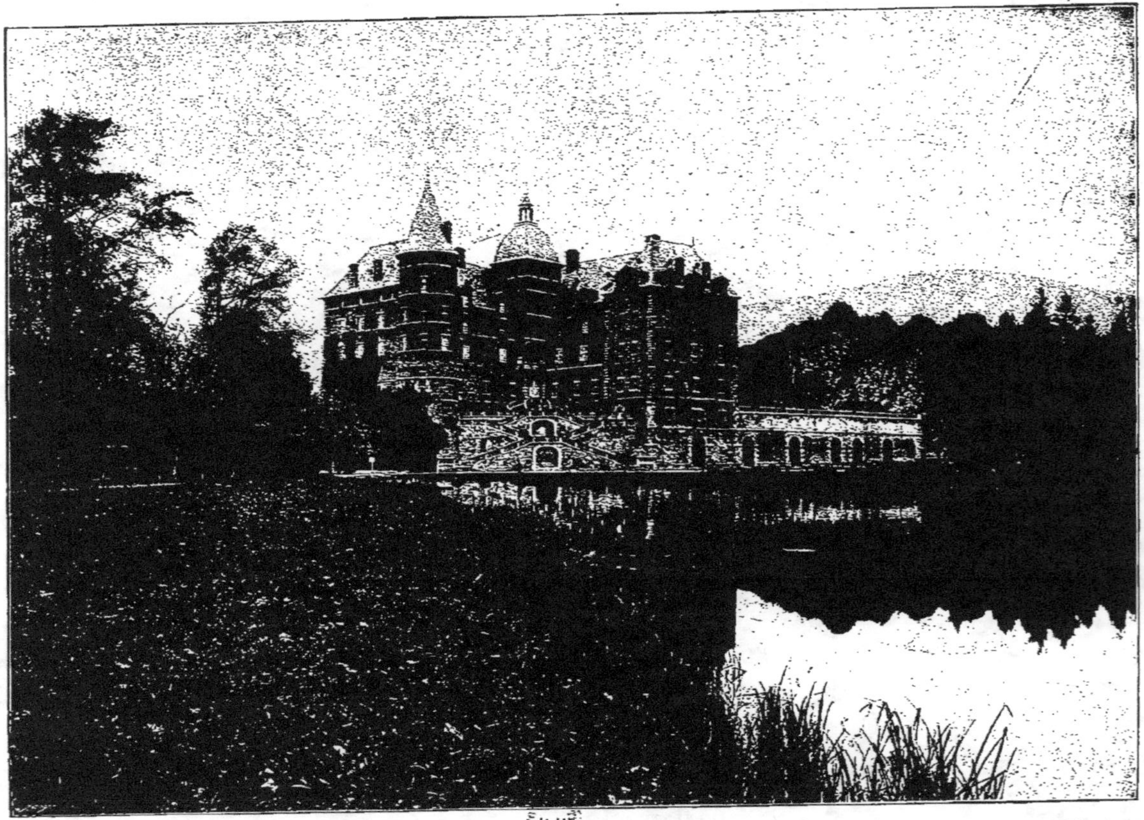

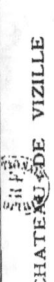

Phototype Duchemin

CHATEAU DE VIZILLE

amateurs de ma génération se souviennent de celui que l'on
n'appelait que « le père Jager ». De haute taille, voûté, avec
une longue barbe plus que grisonnante et des yeux aussi vifs
que petits, Jager avait été un des principaux collaborateurs de
Margain. Il faisait du portrait pour vivre, et du paysage pour
satisfaire ses goûts d'artiste. Le massif de la Chartreuse, si
gracieux et si familier, était son domaine de prédilection. Ren-
contré au cours de ses promenades, Jager était toujours abon-
dant en bons conseils ; de retour à la ville, les amateurs qui
l'avaient surpris à l'œuvre, auxquels il avait donné des indi-
cations pour la composition de leurs paysages, qu'il avait
guidés dans leur pose, allaient encore mettre à contribution
son inépuisable complaisance pour prévenir leurs insuccès ou
y remédier, et il était devenu ainsi bien plus qu'un professeur
officiel, un véritable chef d'école photographique.

Divers groupes s'étaient formés sous sa direction, et comme
il arrive souvent en pareil cas, les élèves poussant le maître,
le champ d'opération des objectifs avait débordé bien au-delà
du massif de la Chartreuse, et une collection précieuse s'était
créée déroulant aux yeux les tableaux les plus accessibles de
notre terre dauphinoise, en égayant même sous formes de
projections la froidure des soirées d'hiver.

Aussi quand la section de l'Isère du *Club Alpin Français*
voulut en 1880 éditer ses Albums photographiques à la gloire
du Dauphiné n'eut-elle qu'à puiser dans cette réserve pour
former une galerie aussitôt enlevée que produite.

Il serait impossible de suivre dès lors les rapides progrès
que l'alpinisme fit faire à la photographie : l'un guidant l'autre, ils marchèrent à pas de géants, et il n'y eut bientôt plus
à Grenoble un fervent des escalades qui n'emportât sa chambre noire sur tous les sommets. La facilité, la précision, la
sûreté que sous les recherches et les travaux de tant d'esprits
d'élite acquéraient de jour en jour les opérations photographiques les imposaient à tous ceux qui voulaient retirer un
avantage quelconque de leurs ascensions. Quelle mémoire
peut se comparer à la plaque ? et combien de fois est-il
arrivé que des controverses entre alpinistes ayant gravi avec

des impressions différentes des points rarement accédés ont été tranchées par l'examen d'un cliché !

Au temps du collodion humide, M. Civiale avait montré par ses célèbres panoramas la merveilleuse contribution que des vues photographiques judicieusement choisies pouvaient apporter à la connaissance des reliefs du sol. Avec l'aisance que donnait le matériel réduit du gélatino-bromure, ces principes furent appliqués par divers ascensionnistes grenoblois, et la préface du *Guide du Haut-Dauphiné* édité en 1887 par la maison Gratier, faisait connaître que les rectifications produites par les cartes corrigées qui y étaient jointes ressortaient des calculs établis sur plus de 7.000 clichés. Sagement interprétés suivant des règles qu'avaient formulées les colonels Goulier et Prudent, et que M. Henri Vallot vient de condenser dans son *Manuel de topographie*, les témoignages de la photographie sont irrécusables. Il n'est pas de calcul qui tienne contre leur évidence, et s'il est permis de rappeler ici un fait personnel, c'est à eux que je dus le succès final dans la lutte que j'avais engagée dès 1876 contre la carte de l'Etat-Major et les points géodésiques. Le témoignage de mes sens n'avait pu persuader personne que j'étais descendu d'une arête voisine sur la Cime d'Oin, cotée 3.514 mètres par la triangulation, et érigée ainsi par la carte de l'Etat-Major en point culminant dominant tout son massif. Mais quand j'eus l'idée d'appeler à la rescousse la plaque photographique, quand en 1888 je montrai le panorama circulaire de cette pointe dominée de tous côtés, quand j'exhibai les panoramas de trois cimes avoisinantes la tenant bien en dessous de l'horizon, on voulut bien reconnaître que l'étroitesse des vallées avoisinantes avait trop rapproché les visées de la géodésie, et que les 3.513 mètres 60 centimètres du commandant Rouby n'étaient pas autre chose qu'une erreur.

Dans toutes les sciences, dans toutes les branches cultivées par l'esprit humain, le témoignage photographique vient fournir sa preuve évidente, et nous ne pouvons omettre ici que ce fut l'un des maîtres de notre Faculté des Sciences, M. Labatut, aujourd'hui professeur à l'Ecole de médecine, qui en inaugura une heureuse et décisive application aux expertises en écriture.

Mais les nombreux amateurs de Grenoble se livraient isolément à leur passion pour la photographie : les sociétés alpines étaient un lien pour quelques-uns d'entre eux qui étaient ainsi amenés à se communiquer les résultats de leurs travaux, mais ce lien n'avait rien de spécial et les laissait livrés à leurs propres forces. La mort du père Jager avait dissous le noyau qui gravitait autour de son atelier, un besoin de cohésion s'imposait, et en mars 1890 la *Société Dauphinoise d'Amateurs photographes* naquit de ce besoin. Les amis qui me mirent alors à leur tête n'étaient pas encore bien nombreux, et nous ne crûmes pouvoir mieux faire qu'en établissant notre siège social dans cet atelier du père Jager, encore tout imprégné des leçons et de l'esprit familial de notre ancien maître. Les ressources que nous pûmes mettre, dès l'abord, à la disposition des Sociétaires étaient assez minces : elles n'en contribuèrent pas moins puissamment au développement du groupe, et dès 1892 notre Société pouvait profiter de la coïncidence d'une Exposition triennale de la *Société des Amis des Arts* pour organiser au Musée municipal une Exposition de photographie qui fut très remarquée. L'élan était donné, et comme la meilleure justification des idées est leur imitation, nous vîmes bientôt, par quelques dissidents, créer une société rivale, le *Photo-Club Grenoblois*, qui prospéra à son tour. Le nombre des adhésions qu'elle recrutait ne permit bientôt plus à la *Société Dauphinoise d'Amateurs photographes* de demeurer dans les limites étroites de l'atelier Jager, et mon successeur à la présidence, M. le docteur Pegoud, installa notre œuvre dans un local plus vaste et plus confortable, rue du Lycée, 9. Le troisième président, M. Duchemin, eut à faire doubler le nombre des laboratoires et à organiser une chambre d'agrandissement. Puis, malgré les empiètements auxquels nous nous étions livrés sur les appartements voisins, le local devint manifestement insuffisant, et ce fut l'œuvre du cinquième président, M. le docteur Jourdanet, que de diriger un nouvel exode et de faire faire l'installation actuelle dans l'hôtel du quai de la République.

Des 14 amateurs qui en 1890 répondaient à mon appel, le chiffre des membres de la Société est passé aujourd'hui à plus de 200, et le criterium de sa prospérité peut se trouver dans la tentative que vient de faire l'Administration pour l'imposer à l'état de cercle. Le *Photo-Club* dont la cotisation est minime, mais qui n'offre pas à ses Sociétaires les mêmes commodités d'installation, d'appareils, etc., que la « Société », a vu aussi s'accroître dans une large mesure le nombre de ses adhérents, et l'esprit d'association est si fort en Dauphiné, la photographie s'y impose si bien, qu'une troisième société s'est fondée à son tour.

La pratique de la photographie est maintenant si répandue à Grenoble, que malgré le nombre respectable de membres des trois sociétés, il est encore de nombreux opérateurs indépendants, aux besoins desquels fournissent des commerçants spéciaux. Jadis, les opticiens et quelques photographes professionnels étaient les seuls fournisseurs d'accessoires et de produits photographiques, et encore n'y faisaient-ils pas de brillantes affaires. Il y a quelques années, la « Maison Universelle », rue Lafayette, ouvrit un comptoir de photographie ; depuis s'est fondé le « Photo-Hall », Grande-Rue, 25, et les « Galeries Modernes » ont aussi créé un rayon très fourni d'accessoires et de fournitures photographiques, et tous ces établissements, tant est grande l'ardeur photographique en notre ville, font un chiffre d'affaires important.

Au point de vue de la production, on sait qu'après la création d'une multiplicité de fabriques, la préférence des opérateurs s'est localisée sur un nombre de maisons assez restreint. A Grenoble, où l'on a même vu un certain moment une éphémère fabrique de plaques sensibles, le grand fournisseur des sociétés, des professionnels et des marchands est la Maison Lumière, de Lyon, qui, incessamment occupée de satisfaire tous les *desiderata* des amateurs fournit un produit spécial à chaque application.

Ses glaces orthochromatiques sont maintenant d'un usage

général pour les vues lointaines et les paysages de haute montagne : on n'a point oublié l'hommage mérité que leur rendaient MM. Joseph et Henri Vallot à qui elles avaient rendu faciles leurs beaux travaux sur le mont Blanc. Quant aux nouvelles glaces anti-halo elles sont d'un puissant secours dans tous ces cas si fréquents en nos montagnes où de considérables oppositions lumineuses sont juxtaposées. Elles donnent aussi des résultats merveilleux quand une verdure, ou des brindilles d'arbres se détachent sur le ciel ; elles les conservent avec une admirable netteté.

Pour ce qui concerne le matériel, cette revue de la Photographie à Grenoble n'a guère à s'en occuper, la fabrication en étant centralisée entre les mains de quelques excellentes maisons, dont Mackenstein, Gaumont, Joux, à Paris, Bellieni, à Nancy, etc., nous fournissent de ces jumelles stéréo-panoramiques, si portatives, si précieuses pour les opérations en montagnes. Pourtant il faut mentionner un modeste et soigneux constructeur à Grenoble, M. Oddoux, qui nous livre depuis quelques années des chambres 13/18 d'une légèreté incomparable.

La Photographie à Grenoble ne peut rien signaler de particulier au sujet de l'obtention des phototypes. La pléiade d'amateurs zélés qui constituent ses Sociétés ou qui opèrent isolément s'est occupée de mettre en pratique successivement tous les progrès signalés et réalisés : elle a expérimenté tous les papiers et tous les supports et dans une importante Exposition organisée au mois d'avril dernier par la *Société Dauphinoise d'Amateurs Photographes* dans ses salons du quai de la République, tout le public grenoblois a pu admirer les excellents spécimens de leurs travaux exposés par ses membres. Les agrandissements directs sur les divers papiers au gélatino-bromure, la vigueur de certaines reproductions et la gamme de tons que donnaient certains supports ont surtout attiré l'attention des visiteurs. De nombreux albums, des vues positives à examiner par transparence, ou dans les stéréoscopes, montraient qu'il ne reste guère de coins de la terre dauphinoise dont les infatigables plaques n'aient reproduit et fixé l'aspect.

Mais il importe de mettre ici en lumière une des applications les plus fécondes pour notre pays de la photographie et des applications qui en découlent.

Nous avons indiqués ci-dessus des œuvres nombreuses qui par le burin ou la lithographie s'étaient appliqués à répandre les œuvres d'artistes enthousiasmés par nos montagnes. Mais le public pouvait craindre à juste titre que ces artistes ne se fussent laissés entraîner par leur ardeur, et n'eussent embelli, dans quelles proportions, leur modèle. Les personnes dévouées et les groupes qui s'occupent de faire connaître notre pays ne pouvaient manquer de faire appel pour cela à l'indiscutable témoignage de l'impression lumineuse. C'est ainsi que le *Syndicat d'Initiative* a composé un admirable album de 50 vues choisies parmi les plus réputées et les plus connues des Alpes Dauphinoises, les a fait reproduire par la photogravure, et a répandu à profusion cet album, artistique et vivant témoin des beautés de notre région. Il n'est plus une publication qui n'ait recours à ce puissant moyen de frapper l'opinion, et je ne saurais pour y avoir contribué moi-même passer sous silence l'importante série de publications illustrées par la phototypie que poursuit depuis une dizaine d'années avec un succès toujours croissant la maison Gratier et Rey de Grenoble.

Chaque région, chaque massif spécial de nos Alpes Dauphinoises est ainsi exploré tour à tour. Ce furent d'abord les Montagnes de la Chartreuse, qui exhibèrent non-seulement les sites si connus du désert et de la célèbre maison, mais ceux aussi admirables des vallées moins parcourues qui l'avoisinent. Vint ensuite le volume consacré à Belledonne et aux Sept-Laux, aux montagnes d'Uriage et d'Allevard, où la Houille Blanche est née au milieu des plus pures splendeurs alpestres. L'Oisans, merveilleux écrin de cîmes éthérées et de joyaux glaciaires, fut mis à contribution à son tour. Le mont Blanc, le monarque des montagnes, a inspiré le plus grandiose de ces livres et de retour à des hauteurs plus

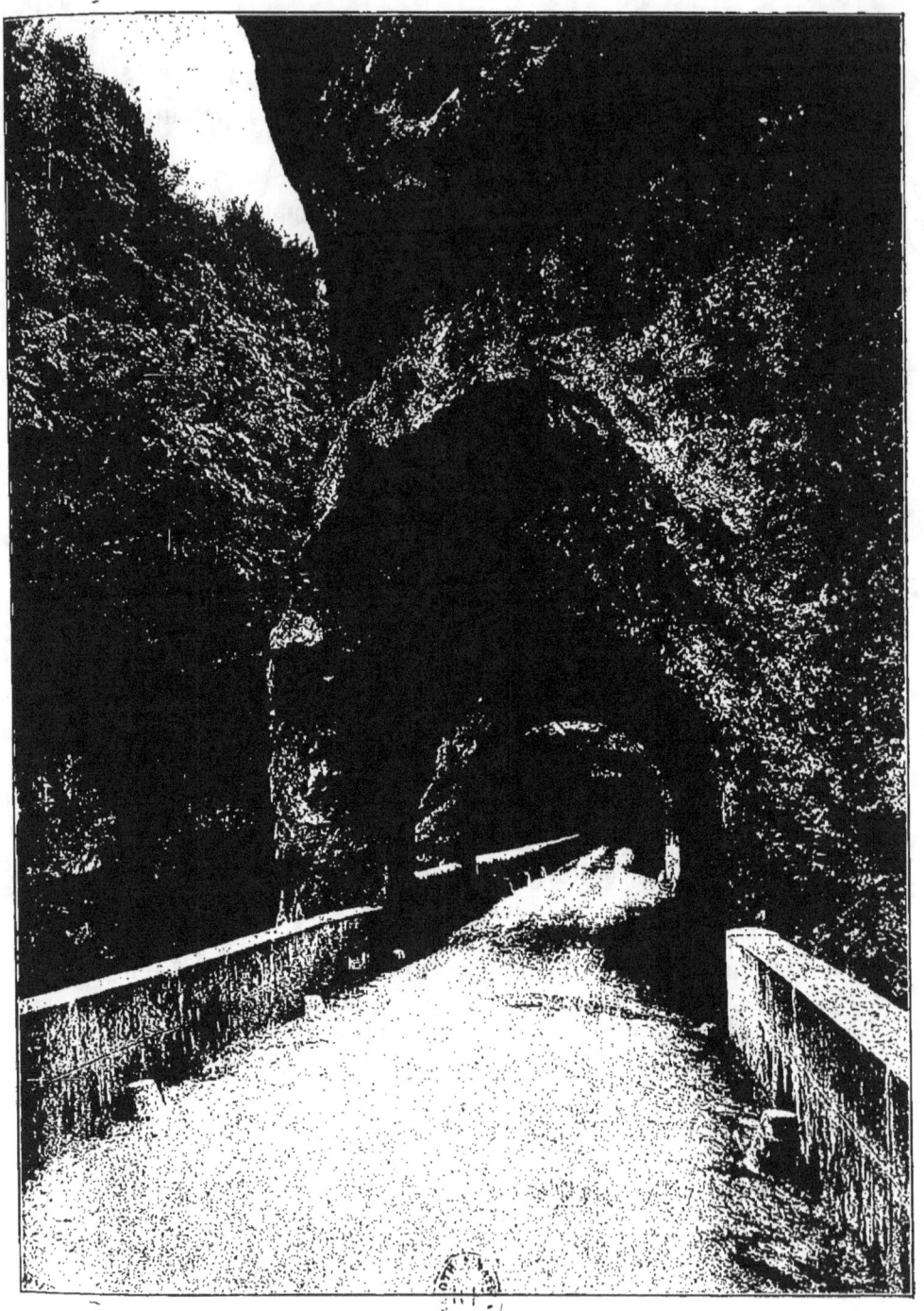

LES GRANDS GOULETS

accessibles et plus humaines l'infatigable éditeur prépare
maintenant l'hymne à la beauté des vallons verdoyants et
des forêts sauvages du Vercors. La photographie règne en
maîtresse dans ces œuvres, dans ces monuments élevés à la
gloire du Dauphiné.

Enfin il faut signaler une autre application, plus éphémère,
mais plus immédiate, plus frappante encore des arts photographiques employés à la diffusion de nos sites. Ce fut un
émerveillement lorsque devant un petit groupe de specta-
teurs, le premier opérateur qui en eut l'idée, projeta sur une
toile une photographie positive agrandie et transparente. On
admira comment ce procédé donne aux images la profondeur,
le relief, l'ampleur, la véritable illusion de la nature. Mais
au temps du collodion, si les résultats obtenus étaient déjà
d'une finesse et d'une pureté qui n'ont pas été dépassées, ces
opérations demeuraient forcément réduites à l'état d'expé-
riences de laboratoire. L'école Jager dont nous avons parlé
ci-dessus s'efforça sans grand succès de produire des phototypes à projection au gélatino-bromure. Il fallut attendre que
d'intelligents industriels fabriquassent pour cette destina-
tion des produits spéciaux. Aujourd'hui la maison Guillemi-
not a réuni la plus grande partie des suffrages et met à la
disposition de tous des plaques au lactate d'argent qui entre
des mains expertes fournissent des résultats parfaits. Parmi
tous les amateurs de Grenoble, M. Duchemin s'est acquis dans
l'obtention des phototypes de projection une réputation hors
pair. Sous son impulsion et entraînés par son exemple, les
opérateurs grenoblois ont amoncelé un stock considérable de
vues de projection infiniment supérieures à celles du commerce; ils animent ainsi d'incessantes conférences organisées
par les Sociétés Alpines pendant les soirées d'hiver, puis l'idée
est bientôt venue d'envoyer ces clichés, apôtres palpables, à
travers le monde porter aux gens qui les ignorent les visions
quasi réelles de la terre dauphinoise. Cette idée a fait des
progrès immenses, et une sorte de service presque régulier
s'est établi transportant toute l'immense collection des vues
de projections dauphinoises accumulées par le *Syndicat*

d'Initiative, la *Société des Touristes,* la *section du Club Alpin,* la *Société des Alpinistes,* la *Société Dauphinoise d'Amateurs photographes,* etc., vers quiconque se propose d'élever la voix pour décrire nos Alpes bien-aimées. Les clichés de M. Duchemin ont été projetés à Paris, à Lille, à Nantes, à Béziers, etc., dans tous les coins, sur tous les écrans de France.

L'Association franco-écossaise, qui avait l'an dernier visité notre beau pays, les a emportés à Glascow, à Edimbourg, à Aberdeen, et des auditeurs de nos cours de vacances les ont exhibés à Alexandrie et au Caire.

Quelle propagande plus belle, et plus efficace peut être faite à nos richesses nationales, à ce patrimoine de tous que récèle la région dauphinoise ! Quelle plus merveilleuse mise en valeur peut en être faite que par ces splendide produits de l'art photographique si bien cultivé. si judicieusement appliqué sous toutes ses formes dans notre ville de Grenoble ?

H. FERRAND.

(Communication faite au Congrès de l'Association française pour l'avancement des Sciences, à Grenoble, le 5 Août 1904.)

GRENOBLE. — IMPRIMERIE BROTEL, 4, RUE LAFAYETTE.

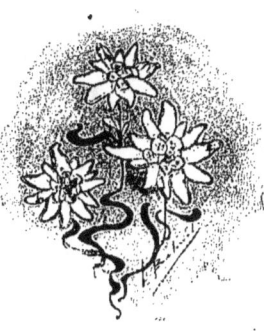

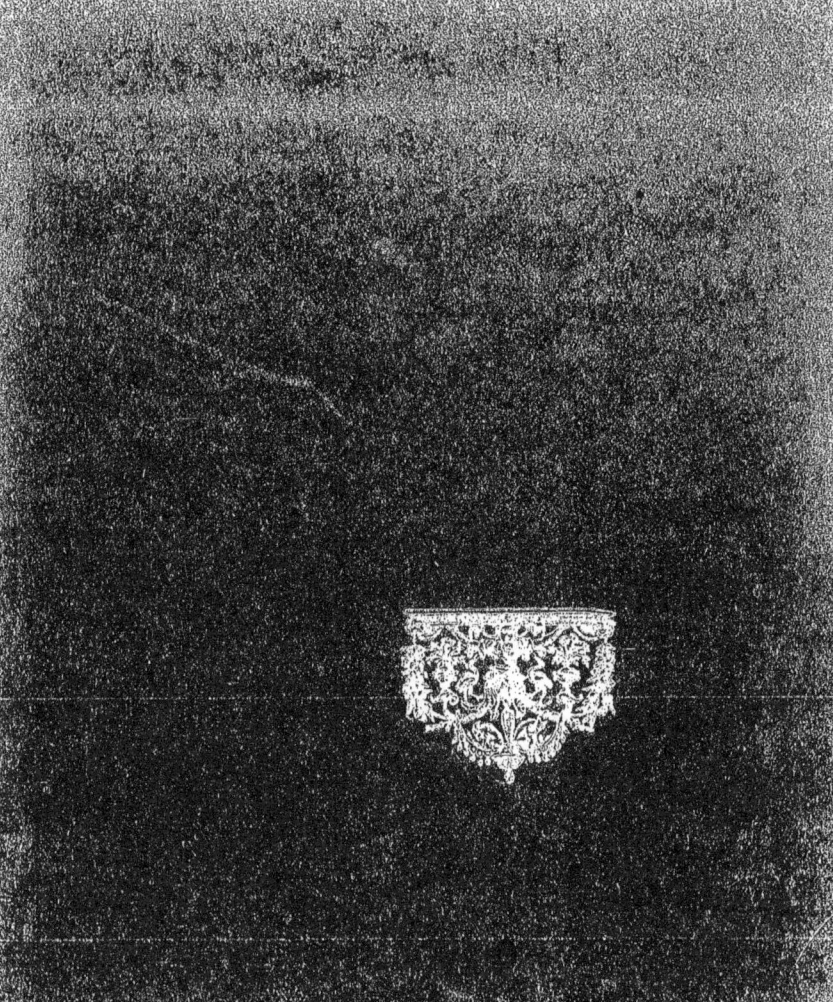

www.ingramcontent.com/pod-product-compliance
Lightning Source LLC
Chambersburg PA
CBHW030120230526
45469CB00005B/1728